調べよう！
わたしたちのまちの施設

消防署

東京都杉並区天沼小学校教諭 **新宅直人** 指導

5

小峰書店

もくじ

消防署 ⑤

本のさいごに、見学のためのワークシートがあるよ！

3

やあ、
ぼくはショーカキくん。
みんなは、消防隊を
見たことはあるかな。
まちの消防署に行けば、
消防隊のことが
わかるよ。

埼玉県越谷市の消防署（消防本部）です。たった
今、火事がおこったと119番通報がありました。
いそいで、消防車が出動します。

ここは、
消防署だ！

消防署は、どんなところでしょうか。
はたらく人は、どのような仕事を
しているのでしょうか。

消防署のやくわり
しょうぼうしょ

消防署は、火事のときに火を消したり、救急やレス
しょうぼうしょ　　　　かじ　　　　　　　　　　　　　け　　　　　　きゅうきゅう
キューにかけつけたりするなど、人をすくうやくわ
りをもっています。

> 消防署には、
> しょうぼうしょ
> 消防隊員のほかに、
> しょうぼうたいいん
> 救急隊員、レスキュー隊員
> きゅうきゅうたいいん　　　　　　　　たいいん
> （救助隊員）などがいるよ。
> きゅうじょたいいん
> どんなことを
> しているのかな？

1

火事を消しとめる
か　じ　　け

火事の通報があったら、消防隊がすぐにかけつける。消
か　じ　つうほう　　　　　　しょうぼうたい　　　　　　　　　　　　しょう
防用のホースから水などをかけて、火事を消しとめる。
ぼうよう　　　　　　　　　　　　　　　　か　じ　　け

2

けがをしたり、
病気（びょうき）になった人を
病院（びょういん）に運（はこ）ぶ

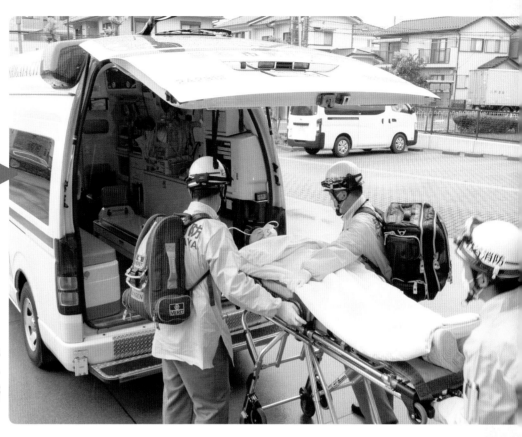

救急隊（きゅうきゅうたい）は、けがや病気でこまっている人から通報（つうほう）が入ると、すぐにかけつけ、救急車（きゅうきゅうしゃ）で手当てをしながら病院（びょういん）へ運（はこ）ぶ。

3

災害（さいがい）や事故（じこ）で
にげられない
人を助（たす）ける

レスキュー隊（たい）は、災害（さいがい）がおこったときや、事故（じこ）にあって自分でにげることができなくなった人たちを助（たす）けだす。危険（きけん）な場所（ばしょ）での仕事（しごと）が多く、小さな失敗（しっぱい）が命（いのち）にかかわるので、毎日（まいにち）の訓練（くんれん）がかかせない。

消防署をさがそう！

みんなの住むまちには、消防署はあるでしょうか。ここでは埼玉県越谷市を例に、さがしてみましょう。

みんなのまちの消防署は、市内のどんな場所にあるのかな？調べてみよう！

地図帳でさがしてみよう

　まずは、自分の住む都道府県が、日本のどのあたりにあるか、そして、市が、都道府県のどのあたりにあるか、地図帳でさがしてみましょう。

埼玉県越谷市の場合

日本

埼玉県

越谷市の地図

消防署はどこにあるかな?

これは、越谷市の地図です。Ｙは消防署の地図記号です。🎯は市の消防の中心となる消防本部で、分署である🎯が5つ、消防本部をとりかこむようにあります。

越谷市消防本部はここ!

消防本部
消防署
越谷市

間久里分署
大袋分署
谷中分署
大相模分署
蒲生分署

JR 線の駅
JR 線でない駅

越谷市消防署がある場所のとくちょう

★ 市内のあちこちにちらばっている。
★ 消防本部は、市のまん中にある。
★ 広めの道路のところにある。

火事がおきたら、いちばん近い場所にある消防署から、すばやくかけつけられるんだね!

消防署の建物 昔と今

消防署は、いつごろつくられたのでしょうか。昔は、どんなようすだったのでしょう。埼玉県越谷市消防署を例に、見てみましょう。

70〜60年くらい前 市ごとに消防署ができる

今から70年くらい前、市町村ごとに消防署がおかれることになりました。越谷市は、市になったつぎの年に越谷市消防署をつくりました。木でできた1階建ての建物で、まちを見はるための「火の見やぐら」という高いとうがありました。

火事がないか、火の見やぐらから、そうがんきょうでまちを見はっていた。

越谷市消防署のさいしょの建物。
建物の左側に火の見やぐらがある。

年	1881		1945	1951	1954	1958	1959	1962
越谷市と消防のおもなできごと	○日本初の消防署が東京の上野にできる	火事を通報する電話番号が119番と決められたのは、今から90年くらい前なんだって。	○大きな戦争（第二次世界大戦）が終わる	○市町村で消防署をつくることが決まる	○越谷町ができる	○越谷町から越谷市になる	●越谷市消防署ができる	●越谷市消防署で救急の仕事をすることになる

1955年
4万6250人

越谷市（町）の人口

50年前 建物が鉄筋コンクリートになる

今から50年くらい前には、全国で鉄筋コンクリートの建物がふえました。越谷市消防署も鉄筋コンクリートの建物になりました。このころ越谷市の人口がふえたので、新しい分署が市内につぎつぎとつくられました。

17年前 今の消防署の建物ができる

2003年に、越谷市消防署は、鉄筋コンクリート4階建ての、今の建物になりました。火の見やぐらはもうありません。コンピューターを使って119番があった場所をすぐに見つけ、出動指令を出せるようになりました。

鉄筋コンクリートになった消防署。上のガラスばりの部屋が火の見やぐら。数年後には、火の見やぐらにカメラをとりつけ、モニター画面で見はるようになった。

今の建物ができた。

本部の指令室。ここで出動の指令を出す。

越谷市の人口は60年間で7倍以上にふえたんだ。だから、消防署の分署が、たくさん必要になったんだね。

- 1967 越谷市消防署の建物が鉄筋コンクリートになる
- 1971 1つめの分署ができる（谷中分署）
- 1973 2つめの分署ができる（蒲生分署）
- 1977 3つめの分署ができる（間久里分署）
- 市の人口が20万人をこえる
- 1983 4つめの分署ができる（大相模分署）
- 1990 越谷市消防署でレスキューの仕事がはじまる
- 1998 市の人口が30万人をこえる
- 2003 越谷市消防署が今の建物になる
- 2006 5つめの分署ができる（大袋分署）

2019年
34万4088人

消防の歩み

火事を消すやり方は、今と昔で、どのように変わったのでしょうか。越谷市消防署を例に見てみましょう。

火事は昔から あったけど、 どんなふうに 消していたんだろう？

150年くらい前 消防組ができる

今から150年くらい前に、まちの火事を消す「消防組」が活やくしていました。このころの消防は警察の重要な仕事のひとつで、警察官の指揮のもとに消防組の人たちが消火活動をしました。

埼玉県の越谷地区にも消防組がありました。100年くらい前には、消防ポンプを使って水を出すようになりました。はじめは手おしポンプでしたが、蒸気ポンプに変わり、消火の力が高まりました。

100年前の最新の消防活動のようす。蒸気ポンプ、救助はしご、救助ぶくろなどが見える。蒸気ポンプのところには、警察官がいる。

『風俗画報 CD-ROM版』（ゆまに書房）より

70年前 消防車や救急車が活やく

　70年くらい前に消防が警察から分かれて、市町村ごとに消防署をつくることが決められました。越谷市消防署は、そのあとにできました。消防署には、市でははじめての、水そう付きの消防ポンプ自動車がおかれました。また、消防署の仕事に、病人やけが人を助ける救急の仕事がくわわり、救急車もおかれました。

越谷市消防署にはじめておかれた、水そう付きの消防ポンプ自動車。

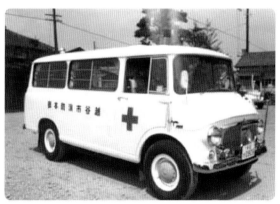

越谷市で救急の仕事がはじまったころの救急車。

50年前 指令室ができる

　50年くらい前、越谷市消防本部に、指令室ができました。119番を受け、現場の近くの消防署へ出動指令を出します。消防車や救急車をすばやく現場に向かわせられるようになりました。

指令室。119番の電話を受けたら場所をたしかめ、消防車などを向かわせる。

今 ほかの市町村とも協力

　今は全国で、市町村ごとに消防署があります。しかし近ごろは、被害がいくつもの市や町にまたがる大きな災害がふえています。そこで、必要なときはレスキュー隊などがほかの市や県にも出動し、助けあうしくみができています。

ほかの市町村といっしょに訓練をする越谷市のレスキュー隊。

② 消防署に行ってみよう

消防署を調べよう！

消防署の中は、どんなようすでしょうか。埼玉県越谷市消防署を調べてみましょう。

出動しやすい建物のかたち

消防署の1階にある車庫には、消防車と救急車がならんでいます。車庫の前はとても広く、大きな消防車が向きを変えやすいようになっています。

消防署の車は、すぐに出動できるように、しっかりと点検され、前を向いて駐車しているよ。

24時間、いつでも出動できる準備をしている

消防署では、火事を消す消防隊員、救急車でけが人や病人を運ぶ救急隊員、災害現場で人を助けるレスキュー隊員が、いつでも出動できるように準備しています。部屋の場所や出動するときに着る服のおき方もくふうしています。

消防署の中では、交代しながらかならずだれかがいるから、朝・昼・夜と一日中いつでも出動できるんだ。

●すぐに出動できるくふうのある建物

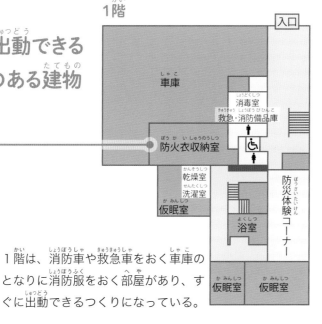

1階

入口

車庫

消毒室

救急・消防備品庫

防火衣収納室

乾燥室

洗濯室

仮眠室

浴室

防災体験コーナー

仮眠室　仮眠室

1階は、消防車や救急車をおく車庫のとなりに消防服をおく部屋があり、すぐに出動できるつくりになっている。

2階

会議室

指令課事務室

署長室

消防署事務室

物品庫

指令センター

仮眠室

仮眠室

更衣室

食堂　休けい室　更衣室

3階

消防本部事務室

消防長室

消防団室　書庫

2階は、指令センター（→16ページ）や会議室など、多くの人が集まれる部屋が多い。3階には、消防団員（→34ページ）のための消防団室がある。

●隊員が出動するときに着る服

消防隊とレスキュー隊のくつは、ズボンの両足に入れたままにしてある。足を入れて、ズボンを引き上げるだけで着がえができる。救急隊は、ズボンをはきかえず、上着とくつをはいて出動する。

消防隊

レスキュー隊

救急隊

15

119番のしくみ

火事のときは消防車、けがや病気のときは救急車がかけつける！どっちも119番だよ！

火事やけが人を見つけたら、119番通報をします。どんなしくみで、消防車や救急車がかけつけるのでしょうか。

指令室

　消防本部には、指令室（指令センター）という部屋があります。市内で119番にかけた電話はすべてここにつながります。どこから電話がかけられているのかすぐにわかるしくみになっているので、電話を受けると同時に、市内のそれぞれの消防署に指令が出され、消防車や救急車が出動します。

消防本部の指令センター。指令センターの人たちは交代ではたらき、24時間いつでも通報を受けている。

●119番通報のしくみ

発見者

119番に電話をする。

「火事です！」

病院

けが人などの手当てをする。

「けが人を運びます」

警察署

火事がおきているまわりの交通整理や、消火後に火事の原因を、消防といっしょに調べる。

「交通整理をおねがいします」

●火事のときの電話のかけ方

消防 「はい、119番です。
火事ですか？　救急ですか？」

通報者 「火事です。」

消防 「お名前は？」「住所は？」

通報者 「○○○です。」「越谷町1丁目2番3号です。」

消防 「では、すぐに消防車を出動させます。」

ほかに「何がもえていますか？」「けが人はいますか？」などと聞かれることもある。あわてずにはっきりと話そう。住所がわからなかったら、近くに見える建物などをつたえよう。

●救急のときの電話のかけ方

消防 「はい、119番です。
火事ですか？　救急ですか？」

通報者 「救急です。」

消防 「お名前は？」「住所は？」

通報者 「○○○です。」「越谷町3丁目2番1号です。」

消防 「けがですか？　病気ですか？」

通報者 「けがです。腰をうっていて、動けません。」

消防 「すぐに救急車を出動させます。」

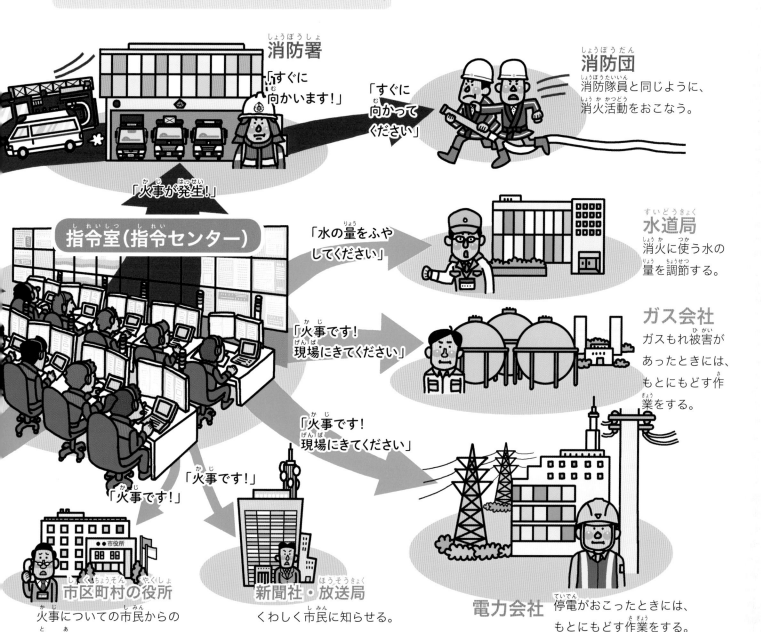

消防署
「すぐに向かいます！」

「すぐに向かってください」

消防団
消防隊員と同じように、消火活動をおこなう。

「火事が発生！」

指令室（指令センター）

「水の量をふやしてください」

水道局
消火に使う水の量を調節する。

「火事です！現場にきてください」

ガス会社
ガスもれ被害があったときには、もとにもどす作業をする。

「火事です！現場にきてください」

「火事です！」

「火事です！」

市区町村の役所
火事についての市民からの問い合わせにそなえる。

新聞社・放送局
くわしく市民に知らせる。

電力会社
停電がおこったときには、もとにもどす作業をする。

2 消防署に行ってみよう

消防隊の仕事

消防隊は、どんな仕事をしているのでしょうか？

火事を消す

　火事がおこったときに、火を消すためにかけつけるのが消防隊です。出動指令が出たら、火事の火やけむりから自分を守るために消防服や器具を身につけて、すぐに現場へ向かいます。

●消防隊員の装備

防火帽
火や落ちてくるものから頭を守るヘルメット。

面体
顔全体を守るマスク。空気ボンベにつながっている。

手袋
火から手を守る。

くつ
火に強くがんじょうにできている。つま先に鉄のしんが入っていて、足を守る。

空気ボンベ
けむりの中で息をするための空気が入っている。

蛍光帯
暗い場所で光り、ほかの人にいる場所を知らせる。

●指令が出てから出動までは1分

市内で火事がおきると、消防署の建物中に警報音と指令がひびきます。消防隊員は、食事中でも仮眠をとっていても、すばやく準備をして出動します。1分で準備をして出動できるように、ふだんからくりかえし訓練をしています。

① 火災発生のアナウンスと指令が流れる。仮眠中に指令が出たら、とびおきる。

② 現場の情報を受けとる。画面の地図で火事の現場にいちばん近い消火せん（→31ページ）の位置をたしかめる。

③ すばやく消防服を着る。

④ 消防車に乗りこむ。

通報から4分30秒以内に現場へ到着できるように、訓練しているんだって。

⑤ 隊員がそろい、消防車が発進。4分30秒以内に現場へ。

消防隊員
しょうぼうたいいん

消防隊員は、おもに火を消す仕事をしています。仕事のようすについて、話を聞きました。

安全に火を消す活動をするためには、チームワークが大切なんだよ。

チームのみんなで火事を消す

火事はひとりで消すことはできません。いつも消防隊のチームで動いて火を消します。すばやく火を消すために、メンバーの得意なことをいかしたやくわりを決めて、動きます。

消防隊のメンバー。いつも同じ人たちとチームを組んでいるので、おたがいがどう動くかがよくわかっています。

動くための体力をつける

火事の現場での仕事は、重い消防服や器具をつけてすばやく動かなくてはならないので、とても体力を使います。火事のときにすばやく動けるように、時間を見つけては体力づくりをします。

自主的にトレーニングをしています。いつでも出動できるよう、つかれないように気をつけます。

いつも火事にそなえる

　わたしがはたらいている消防署では、まる一日はたらいて、つぎの人と交代します。火事がおこっていないときは、訓練をしたり、まちに出て消防の設備の点検をしたりすることで、いつも火事にそなえています。

8:30

前の日からはたらいていた人たちと交代する。

12:00

昼食をとる。

10:00

まちに出て、消火せんが使えるようになっているか点検する。

9:30

消防車のはしごをおろして、こわれていないか点検する。

13:00

消防隊のメンバーでうちあわせをする。

14:30

講習会で市民に救命方法を教える。

夕食のあと、仮眠室で仮眠をとる。つぎの日の8：30に、つぎの隊員たちと交代する。

22:00

消火訓練をする。

16:00

＊この一日のようすはひとつの例です。

21

救急隊の仕事

救急隊員は、水色の服を着て灰色のズボンをはいていることが多いよ。色が決まっていると、すぐにわかるね。

救急隊は、どんな仕事をしているのでしょうか？

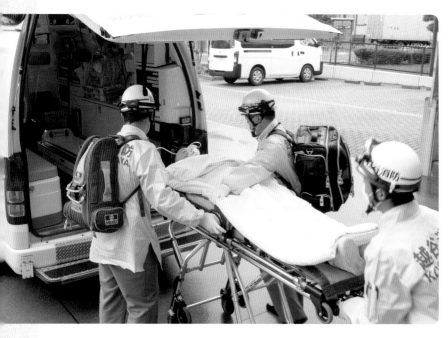

けが人や病人を運ぶ

まちの人から119番の通報があったら、けが人や病人を病院に運ぶために、救急車でかけつけます。手当てをしながら、急いで病院に運びます。

救急隊が病人を運ぶようす。動けない人の場合は、ストレッチャーという道具を使い、病人を横にしたままで救急車にのせる。

どうしてだろう？ 救急の出動はひっきりなし！

救急車が現場に向かうときは、サイレン音をひびかせて走る。

日本では今、救急隊の出動回数がふえつづけています。とくにお年よりを助けるための通報と出動が、ふえています。いっぽうで、あまりひどくないけがや病気で救急車をよぶ人も、多くいます。

本当に必要な人のもとへ救急車がかけつけるのに、時間がかからないようにしなくてはいけません。そのため、救急車をよぶ前に相談ができる「＃7119」などの電話番号をつくっているところもあります。

●救急隊の一日の例

8:30

朝の大交代のときの準備運動。すぐに動けるように体を温める。

8:40

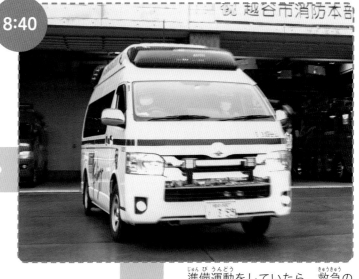

準備運動をしていたら、救急の出動指令が出た。青い服を着て救急車にのりこみ、出発。

8:50

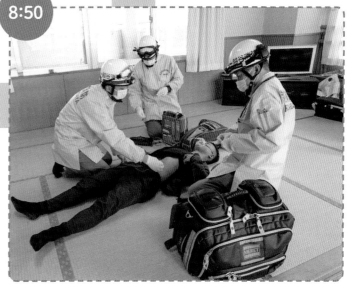

急病人のようすをたしかめて、救急車で病院へ運ぶ。

13:00

消防署へ帰り、昼食をとってからチームのうちあわせをおこなう。

14:00

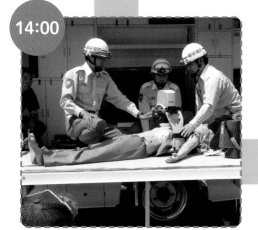

救急のイベントに参加して、救命の方法を市民に教える。

その後のスケジュール

15：00　2回めの救急出動をする。

19：00　夕食をとる。

20：30　3回めの救急出動をする。

22：00　仮眠に入る。

01：30　4回めの救急出動をする。

04：00　5回めの救急出動をする。

→　朝の8：30に交代する。

23

はたらく人に教えてもらったよ

救急車に、かならずひとりは救急救命士が乗るように決めている市もあるよ。

救急救命士

救急救命士は、医者がおこなう治療も一部できる、特別な救急隊員です。どんな仕事をしているのでしょうか。

火事のときにも出動

救急隊が出動するのは、救急車に来てほしいという電話のときだけではありません。火事の現場では、けが人が出ることも多いので、わたしたち救急隊も消防隊といっしょにかけつけます。

現場で応急処置をする

けがや病気の人のもとへかけつけたときは、本人や、その場にいる人に話を聞き、どんなようすなのかをたしかめます。どんな手当てをするか3人で話しあい、応急処置をします。

救急隊のメンバー。いつも同じ3人1組で活動します。なかのよさは、仕事の速さにもつながります。

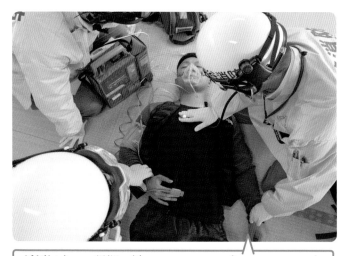

応急処置は、患者が助かるかどうかが決まる、大切な仕事です。すばやく判断して動きます。

24

救急車の中で手当てをする

　応急処置をしてから救急車まで運んだら、手当ての続きをします。人工呼吸や心臓マッサージ、傷の手当てなどをおこないます。救急救命士は、薬を血管に送りこむ点滴などの、医者がおこなう治療もできます。

救急車の中はせまくて動きにくいので、しんちょうに手当てをします。

救急車の運転も、救急隊員の仕事だよ。

病院をさがして運ぶ

　手当てをしながら、近くて、よい治療ができる病院をさがします。連らくをし、ベッドが空いていて受けいれができると言われたら、サイレンを鳴らして出発します。

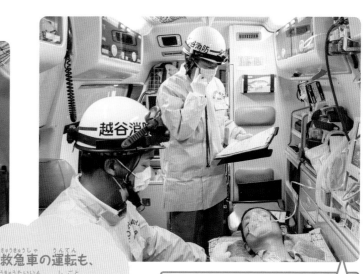

救急車で病院に向かっている間に、電話で医師に手当ての方法を聞くこともあります。

？ 救急車があるのは消防署だけなの？

　これまでは、救急車は消防署だけにありました。けれども、今は救急車を用意している病院もあります。べつの病院にうつるときなどに、患者を安全に運ぶことができるように、救急車をおいています。

　消防署の救急車がいそがしいので、病院の救急車をもっと使うことができないか、考えられています。

病院に用意してある救急車。消防署の救急車と区別して「病院救急車」とよばれる。

レスキュー隊の仕事

レスキュー隊（救助隊）は、どんな仕事をしているのでしょうか？

人を助けだす

レスキューとは、英語で「救助する」という意味です。その名の通り、事故や災害などの現場で、にげおくれて動けないでいる人を助けるのが仕事です。隊員は、危険な場所で活動するために、特別な訓練をしています。海や山などでの活動だけをおこなうレスキュー隊もいます。

高い場所で、たんかに人をのせて運びだす訓練。

●レスキュー隊の装備

救助工作車（レスキュー車）には、いろいろな現場で救助ができるように、何種類ものロープなどたくさんの道具がつまれている。

●レスキュー隊の一日の例

8:30

朝の交代のあと、車両の点検をする。

8:40

車につんである道具がすぐに使えるか、点検する。救助した人をのせるたんかを取りだし、のせた人が落ちないようにベルトをしっかり点検。

救助にじゃまなものを切るためのエンジンカッター。エンジンが問題なくかかるか、点検する。

10:00

消防署で救助訓練をする。

13:00

昼食後、メンバーでうちあわせをおこなう。

その後のスケジュール

14：00　となりの市での合同訓練に参加する。
16：30　交通事故での救助のために、出動する。
18：00　自主トレーニングをする。
19：00　夕食をとる。
22：00　仮眠に入る。
　→　朝の8：30に交代する。

はたらく時間の3分の1から半分ぐらいが、訓練の時間なんだって。毎日毎日、訓練をしているんだね。

レスキュー隊員

レスキュー隊は、とくに救助がむずかしい事故や災害のときに活躍します。レスキュー隊員は、どんな仕事をしているのでしょうか。

自分でにげられない人を助けだす

災害現場はとても危険です。たとえば、くずれかけた建物の中の人がにげられずにいるときには、その危険な建物に、わたしたちも入る必要があります。わたしたちレスキュー隊は、専用の道具や、特別な技術を使って、できるだけ安全にすばやく助けだします。

レスキュー隊は、災害現場で目だつオレンジ色の服を着る。

5人でチームを組んでいます。いつも同じメンバーで仕事をしているので、現場のようすを見てすぐに、だれが何をすればいいのかを決めて動けるのです。

たくさんの道具を使いこなす

災害現場で使う道具は、とくべつな道具が多く、使い方をまちがうと危険なものもあります。一秒をあらそう災害現場で、すばやく道具を使いこなせるように訓練します。

空気ボンベの点検も毎日しています。道具の点検も、人の命にかかわる、とても大切な仕事です。

きびしい訓練をつむ

災害現場では、小さな失敗が命にかかわります。そのようなことがないように、隊員はふだんから、災害現場とにている訓練場所できびしい訓練をつみます。訓練をつむことで、いざというときにおちついて行動することができます。

事故を想像して訓練をします。これは、マンホールに落ちた人を助ける訓練です。声をかけ合いながら、チームの息をぴったりと合わせます。

マンホールでの事故は息ができないかもしれないので、空気ボンベをせおい、マスクをしてマンホールの穴に入ります。

❓ レスキュー隊が、市の外へ救助に行くことはあるの？

近くの市町村で大きな災害がおこったときには、市町村をこえて協力しあうことが決められています。越谷市のレスキュー隊は、国の緊急消防援助隊にも登録していて、東日本大震災のようにとても大きな災害のときには、日本のどこにでも出動します。

大きな災害のときは、そのまちのレスキュー隊だけでは足りないから、協力しあうんだね。

埼玉県特別機動援助隊「埼玉SMART」の合同訓練に参加する、越谷市のレスキュー隊。越谷市のレスキュー隊は、埼玉県のどこにでも出動する。県の外に出動することもある。

火事を予防する仕事

消防署は、火事をおこさないように市民に注意をよびかける仕事をします。小さな火事でくいとめるための仕事もしています。

> 大きな火事にならないようにするのも、消防の大切なやくわりなんだ。

火事を予防する仕事

火事がおこったあと、原因を調べて、これからあとに同じ原因で火事がおこらないようにするための仕事をします。また、防災訓練に協力したり、お店や建物が安全であるかを点検したりしています。

市内のガソリンスタンドで、ガソリンのあつかい方が正しいか、調べる。問題がある場合は、直してもらう。

火事の現場を調べるようす。火事の原因をつきとめて、同じ原因でおこる火事をふせぐために、これから気をつけなければならないことをはっきりさせる。

市内の保育園の防災訓練で、消防車を見せる。子どもたちに、火事と防災への興味をもってもらう活動だ。

消火せんなどを点検する仕事

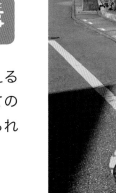

まちの防火水そうや消火せんなどが使える
ようになっているか、点検します。すべての
場所を、1年に1回点検することが決められ
ています。

消火せんの点検のようす。

さがしてみよう! まちにある「消火せん」

まちで、下の写真のようなかん板を見たことが
ありますか。これは、「消火せん」といって、火
事のときに消防車につないで、水を出すための設
備です。多くの消防車は、少しの時間しか水を出
すことができません。そこで、まちのどこで火事
がおきても水をたっぷり使えるように、消火せん
をつくっています。消火せんのまわりに、自転車
などをおかないように注意しましょう。

みんなの住むまちにも、
消火せんがあるよ。
どんな場所にあるか、
調べてみよう!

FIRE HYDRANT
消火栓

消火せんのかん板は、大きな道路
でよく見られる。

ふたをあける。

消火せんのふた

消防ポンプ車で、消火
せんの水をすい上げる。

ワンステップアップ！

消防で活やくする乗り物

消防では、いろいろな乗り物が活やくしています。
どんなものがあるのでしょうか？

指揮車

火事などの現場で、全体への指令を出してまとめる人が乗る。まとめる人は、この中で情報を集め、活動する隊員に指令を出す。

はしご車

のびるはしごの先に隊員が乗り、高い建物の消火活動をしたり、高い場所にいる人を助けたりする。

ポンプ車

消火せんや川、池などから水をくみ上げ、強力なポンプの力でホースの先から水を出す。

化学消防ポンプ車

化学工場での火事や飛行機の事故など、水では消すことができない火事で活やくする。

救急車

けが人や病人を運ぶ車。なかには、かんたんな治療ができる道具がそなえられている。

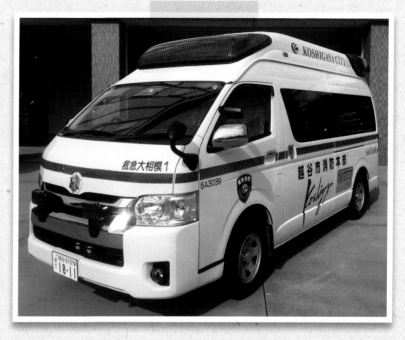

救助工作車（レスキュー車）

レスキュー隊員が使う車。人命救助に使う道具をつんでいる。

消防ヘリコプター

おもに山や海での災害や、はしご車がとどかない高いビルなどでの災害で活やくする。

消防艇

船の火事や、海や川でおこった火事のときに出動し、海や川の水をポンプですい上げて火にかける。

さまざまな災害にそなえて、空・海・陸で活やくできる乗り物がつくられているんだ。

消防団を調べよう!

> みんなの住む
> まちには、消防団は
> あるかな?

消防団は、消防活動を助ける市民の団体です。自分たちのまちを守るために、どんな活動をしているのでしょうか。

越谷市の消防団には、12の分団があり、ぜんぶでおよそ400人の団員がいる。

団員はふつうの市民

消防団の団員は、ふだんは自分の仕事をもっています。近くで火事がおきたら、消防署から連らくがきます。団員はそのときしていたことを中止して、現場にかけつけ、消火活動を手伝います。

消防署員だけでは足りないときや、消防署員が現場に早くたどりつけないときに、消防団が活やくします。

消防団も、消防車をもっている。ふだんは団の倉庫にしまってある。

消防団員

越谷市消防団さくら分団の団員に話を聞きました。どんな活動をしているのでしょうか？

越谷市消防団のさくら分団は、女の人だけの分団。子育て中の人も参加している。

まっ先にかけつけ、消防隊を手伝う

火事がおこったとき、消防隊より早く現場に着いて、さいしょの消火活動をすることもあります。だから、消防隊との訓練はかかせません。わたしたち消防団員は、「自分たちのまちは自分たちで守る」と思いながら、活動しています。

消防隊といっしょにおこなう消火訓練は、いつでもできるわけではないので、気を引きしめて参加します。

防災の大切さを市民に知らせる

わたしたちの仕事は、消火活動だけではありません。講習会などで、市民に防災についてお知らせしたり、応急手当ての方法を教えたりもします。ひとりぐらしのお年よりの家をたずねて、災害がおきたときのひなん場所をつたえることもしています。

雨の日の避難訓練は、動きにくかったのですが、本当の災害にあったときの練習になると感じました。

防災は住民の助けあい

防災は、まちに住むひとりひとりが主役です。消防署と消防団が
中心になって、住民が助けあうしくみがつくられています。

市民が参加するイベント

　多くの市や町では、消火のしかたや防
災の大切さなどを市民に知ってもらうた
め、防災訓練や防災フェスティバルなど
を開いています。これらのイベントは、
子どもからおとなまで、いろいろな人た
ちが参加できます。何が自分にできるこ
となのかを知ることは、とても大切なこ
となのです。

越谷市で毎年おこなわれる防災フェス。防災について楽しく学び、体験
できる、たくさんの市民が集まるイベント。

防災フェスでは、消火器体験もできる。

みんなのまちには、
どんなイベントが
あるかな。みんなも
参加してみよう。

足がつかない高い場所をレスキュー隊が移動するときにおこなうロープ
わたり。ロープをわたる子どもたちを、レスキュー隊員がささえる。

力を合わせて安全なまちへ

災害はいつおこるかわかりません。いざというときにみんなが安全ににげられるよう、力を合わせられるようにしておくことが、まちの安全につながります。防災に関係のない人はいません。近所の人にふだんから声をかけたり、災害がおこったときにどう動くかを家族で話しあっておいたりすることが、とても大事なのです。

まちを守ろう！「水防団」の仕事

大きな川がある市や町では、大雨などでこう水になることがあります。これらの市や町では、消防団とはべつに水防団がつくられ、消防署と協力して町をこう水から守る活動をします。消防団は火事などのときに活やくし、水防団は川があふれるなどの水の災害のときに活やくします。

岐阜県岐阜市の水防団。

大雨で川の水があふれそうなときに、水がまちへ流れていかないよう、土を入れたふくろを用意して川のそばに積み重ねる。大雨のときにすぐに用意できるように、訓練している。

さくいん

救急フェスタで演奏する越谷市消防音楽隊。音楽を通して、市民に火事の予防の大切さをつたえる。

消防署を見学しよう！

年	組	番

名　前

▶消防署には、どんな仕事をする人がいたかな？
気になる仕事について書いてみましょう。

_____隊	
_____隊	
_____隊	

▶どの仕事の人にお話を聞いたかな？

_____隊_____さん

▶見学して、気づいたことやぎもんに思ったことを書こう。

指導	新宅直人（東京都杉並区立天沼小学校教諭）

装丁・本文デザイン	倉科明敏（T.デザイン室）
企画・編集	渡部のり子・増田秀彰（小峰書店）
	常松心平・鬼塚夏海・古川貴恵（オフィス303）
文	山内ススム
写真	平井伸造
キャラクターイラスト	すがのやすのり
イラスト	どいまき
取材協力	越谷市消防本部（現・越谷市消防局）
地図協力	株式会社ONE COMPATH、インクリメントP株式会社
写真協力	越谷市消防本部（現・越谷市消防局）、埼玉県防災航空センター、大山記念病院、岐阜市役所、NPO法人ビーグッドカフェ、PIXTA

調べよう! わたしたちのまちの施設 ⑤

消防署

2020年 4 月 7 日　第 1 刷発行
2023年 11 月 20 日　第 2 刷発行

発 行 者　小峰広一郎
発 行 所　株式会社小峰書店
　　　　　〒162-0066 東京都新宿区市谷台町 4-15
　　　　　TEL 03-3357-3521　FAX 03-3357-1027
　　　　　https://www.komineshoten.co.jp/
印刷・製本　図書印刷株式会社

© Komineshoten 2020 Printed in Japan
NDC317　39p　29×23cm　ISBN978-4-338-33205-7